Günter Holly

Heiter betrachtet

Günter Holly

Heiter betrachtet

Holly Verlag

Jede Ähnlichkeit mit lebenden,
nicht mehr lebenden und mit
noch nicht lebenden Personen
ist reiner Zufall.

Autobiographisches ist reinster Zufall!

Exklusiv für:

Fröhliche – zum Lachen,
Frohe – zum Schmunzeln,
Normale – zum Lesen.

Aber auch für Brummige – zum Verschenken.

Betrachtungen

Episoden

Betrachtungen

Betrachtungen

Zweiter Prolog

Es wird die Laune dir vermiest,
wenn du die Gedichte liest,
denn verschmitzt hält der Autor,
schlau versteckt in den Humor,
jedem einen Spiegel vor,
und der Leser oft erschrickt,
wenn er sich darin erblickt.

Doch bedenket, meine Lieben,
alles, was ich hab' geschrieben,
wenn es auch mal nicht so scheint,
ist gut gemeint.

Gebrauchsanweisung

Jedes Wort, das ich gewählt,
habe ich mir abgequält.

Lieber Leser, habe Acht,
langsam lies und mit Bedacht.
Was mühsam ich mir abgerungen,
werde hastig nicht verschlungen.
Deines Hirnes graue Zellen
brauchen Zeit, sich aufzuhellen,
und sich vieles erst erschließt,
wenn man vieles öfter liest.

Darum sage ich zum Schluss:
Mein Buch lies öfter – mit Genuss!

Der Ballon

Von der Erde schwebt davon
riesig, schön, ein Luftballon.
Farbig, bunt, prall aufgeblasen,
schwerelos dank leichten Gasen
hebt sich hoch das Fluggebilde,
hoch in himmlische Gefilde.

Wehe, wenn die leichte Luft
aus der Hülle ist verpufft!

Vorbei ist dann der Höhenflug,
was allein schon schlimm genug.
Was schön am Himmel man geschaut,
am Boden liegt als schlaffe Haut.

Die Schönheit war gewissermaßen
Leere – die groß aufgeblasen.

Vieles sieht ganz anders aus,
lässt man nur die Luft heraus.

Wie geht's

Wenn wer wen trifft, so heißt es stets:
»Wie geht's?«
Jeder hofft, dass auf die Frage
jeder schnell ein »gut« nur sage
oder ein »na ja, es geht«,
wenn es nicht zum Besten steht.

Kurz und gut, es würde stören,
»wie es geht« – dir anzuhören.

Geht es dir jedoch mal schlecht,
kommt die Frage grade recht.
Du beginnst jetzt loszulegen,
deinen Kummer bloßzulegen,
bis du fühlst, dass – unerhört –
es den Frager doch nur stört.

Der bedauert und enteilt,
weil von dir gelangeweilt,
findet dich jetzt unerträglich,
weil nicht heiter, sondern kläglich,
und beschließt zu meiden stets,
dich zu fragen: »Na, wie geht's?«

Fluch der guten Tat

Wer ob edler Tat verpflichtet,
dir den Dank nicht bar entrichtet,
denn bekanntlich ist verpönt,
dass man Dank mit Bargeld löhnt.

Es muss der Arme jetzt bedenken,
was zum Dank er dir kann schenken.

Er grübelt her, er grübelt hin,
es kommt ihm nichts in seinen Sinn.
Er hin und her so lange grübelt,
bis er die Wohltat dir verübelt
und kommt zuletzt zu dem Entschluss,
dass nicht sein braucht –
was nicht sein muss!

Mit Skrupel zwar und mit Bedenken,
wird er sich
das Schenken – schenken.

Im Innersten darob er leidet
und deshalb dich von da an meidet.

Das Notizbuch

Für den Menschen, der vergesslich,
ist es gut, ja unerlässlich,
dass er in ein Buch sich schreibt,
was ihm nicht im Hirn drin bleibt.

Um das Buch auch handzuhaben –
muss man bei der Hand es haben.
Darum führe man dabei
ein Notizbuch Nummer zwei,
was dir dann sehr dienlich ist,
wenn du Nummer eins vermisst.

Im dritten Buch musst du verbuchen,
wo Nummer eins und zwei zu suchen.
Und dies alles kontrollier
mit dem Buche Nummer vier.

Von der Umwelt zwar bekichert,
bist du jetzt so abgesichert,
dass nach menschlichem Ermessen
du kannst gar nichts mehr vergessen.

Doch mit des Geschickes Mächten
ist kein ew'ger Bund zu flechten,
und – es ist jetzt deren Wille:

Vergessen hast du – deine Brille.

Das Denkmal

Ein großer Mensch, ein großer Held,
dem ward ein Denkmal hingestellt.
Ihm zum Ruhm und ihm zur Ehr'.
Jeder sieht, er war doch wer.

Stolz, mit Rüstung, Helm und Schwert,
thront der Reiter hoch zu Pferd,
dass er werde manch Jahrhundert
von manch Niemand hoch bewundert.

Was kümmert es den Heldbetrachter?!
Gar bald wird er zum Heldverachter
ob der Dinge, die er sieht,
was dem Reitersmann geschieht:

Nicht dem Gruße zum Behufe
hob an edler Marmorstufe
sich ein Straßenköterbein,
sichtbar frech und hundsgemein.

An des Helden edlen Teilen
picken Spatzen im Verweilen.
Die verschmähte Friedenstaube
sitzt auf Schwert und Pickelhaube.
Was der Vogel fallen lässt,
zieret Reiter und Podest.
Trutz gar grimmer Kriegermiene
dient der Held – nur als Latrine.

Krickelkrakel steht zu lesen,
wer schon alles dagewesen.
Wer doof sei, schrieb 'ne Kinderhand
dem Pferd auf Bauch und Hinterhand,
und es sprühte ein Chaot
Schimpf und Schande –
schwarz, weiß, rot.

So bemalt und dekoriert
sieht den Held man degradiert
und erkennt: Das hehre Wesen
ist ein großer Held – gewesen.

Denk mal,
heißt der Kommentar,
wer ist noch wer,
wenn wer wer war?!

Im Café

Immer wieder im Café
ich peinlich vor der Frage steh',
wie man wohl die Dame rufe,
die dort im Servierberufe.

Sicher fehlt es an Niveau,
rufe ich sie mit »Hallo!«
»Hallo, Fräulein« ist längst out,
wenn die Dame schon ergraut,
selbst in früher Altersstufe
man die Frau nicht Fräulein rufe.

Jeder weiß auch ganz genau,
taktlos wäre: »Hallo, Frau!«
Man käme also nicht umhin,
zu rufen nach »Frau Oberin!«
Jedoch –
auch dieser Wortersatz
ist deplatziert, ist fehl am Platz.

So helfen ich und meinesgleichen
zaghaft sich mit Fingerzeichen,
oder hoffen, dass bedien',
Ober, welche maskulin.

Fröhliche Reise

»Wem Gott will rechte Gunst erweisen,
den schickt er in die weite Welt;
dem will er seine Wunder weisen
in Berg und Wald und Strom und Feld.«

J.v.Eichendorff: Der frohe Wandersmann

Will Gott dir rechte Gunst erweisen,
sie reicht nicht aus, um weit zu reisen.
Eine Reise durch die Welt
kostet Zeit und kostet Geld.
Darum musst du eifrig sparen,
willst du froh die Welt befahren.

Doch es fällt das Sparen schwer,
denn geschröpft wird man zu sehr.

Dein karger Lohn, er wird halbiert,
weil der Vater Staat kassiert.
Von einhalb die Hälfte bleibt,
wenn man nicht mehr unbeweibt.
Von dem Rest, den man noch hat,
werden kaum die Kinder satt.

Sollt' noch etwas übrig sein,
sparst du für ein Eigenheim.
Statt die Welt dir anzuschauen:
Schaffe, schaffe, Häusle bauen.

Hast dein Haus, bist frei von Schulden,
musst du dich erneut gedulden.
Schaffst und schaffst
und legst dich krumm
für der Kinder Studium.

Ist das alles abgeschlossen,
wird noch nicht die Welt genossen.
Schaffst und schaffst
und sparst nicht minder
für die lieben Enkelkinder.

Endlich ist es dann soweit!
Du hast Geld, und du hast Zeit,
um zu tun, was dir gefällt,
für die Reise um die Welt.

Doch – jetzt fehlt dir Gottes Gunst:
Bist an Leib und Seel' verhunzt.

Du bist ausgebrannt und leer,
magst die ganze Welt nicht mehr,
bist vergrämt und bist versauert,
schlaff und müde, ausgepowert,
hast dich krumm und lahm geschafft.
Hin ist alle Lebenskraft!
Ungereist mußt du versterben!

Fröhlich reisen deine Erben!

Missgestimmt ob »froher« Reise,
lies, mein Leser, was ich preise
im Bericht von Frau und Mann.

Lies und habe Freude dran.

Zur Hochzeit

... an die Frau

Der Mann,
von Gott aus Lehm gemacht,
als Letztes auf die Welt gebracht,
fand sich allein im Paradies,
wie damals unsre Welt noch hieß,
und konnt' mit allen seinen Sinnen,
der heilen Welt nichts abgewinnen.

Was Gott als Gartenarchitekt
an Herrlichkeiten ausgeheckt,
dem Mann erschien es öd und leer.
»Irgendwas muss noch hierher!
Spüre Sehnen, spür' Verlangen,
weiß mit mir nichts anzufangen!
Diese schöne Gartenschau
braucht als Krönung eine Frau.«

Gott im Himmel – wenn katholisch –
wünscht den Mensch' nicht melancholisch;
auch ein Gott – der andersgläubig –
möchte seinen Menschen freudig.
Selbst ein Gott, der Atheist,
will, dass jeder fröhlich ist.

Suchte in der Himmelsflur
Vorbild und auch Lit'ratur,
was zu all den Herrlichkeiten
Göttliches er könnt' bereiten.

Und Gott begann, die Frau zu bauen!
Mit Gotteskraft und Gottvertrauen.

Nach langen, langen Schöpferstunden
ward eine schöne Form gefunden.
Runde Hüften, Po und Busen,
Haut wie Seide zum Beschmusen,
zarte, weiche, edle Glieder
zum Geschmeide und zum Mieder
und zu wecken das Verlangen,
sie in Liebe zu umfangen.

Und dahinein, in diesen Leib,
gab Gott all das, was macht das Weib:

Holt mit langem Gottesarm
Anmut, Schönheit, Liebreiz, Charme.

Schelmisch er auch nicht vergisst,
'ne Prise Bosheit und auch List,
nimmt die Launigkeit des Windes,
die Frechheit eines Straßenkindes,
von dem Drachenungeheuer
Glut und heißes Rachenfeuer.

Doch auch Sanftheit von der Taube
und die Süße von der Traube,
Morgenröte für die Wange,
etwas Gift auch von der Schlange.

Von dem Fuchs stiehlt er die Schläue,
von dem Gold die edle Treue,
leiht vom Löwen noch den Mut,
mischt das alles – lang und gut –
spricht zufrieden: »So, das hätt' ich«,
holt noch Schärfe von dem Rettich,
schafft ein Wesen: hold und prächtig.
Der Beweis: Gott ist allmächtig!

Und gab die Frau in seiner Güte
dem Mann, auf dass er sie behüte.

Allein – kaum war das Weib auf Erden –
hörte Gott erneut Beschwerden:

»Gott im Himmel, hör mich an«,
schrie und jammerte der Mann,
»lass mich allein nur wieder sein,
hol dieses Weib hier wieder heim.

Sie mich voller Eigensucht
voll und ganz zu Eigen sucht.
Sie befolgt nicht mein Geheiß,
weil sie alles besser weiß.
Ja, sie weist mich gar zurecht.
Bin nicht ihr Herr – ich bin ihr Knecht!

Ich verdiene – sie gibt aus!
Viel zu klein ist unser Haus,
denn es wird mit jedem Jahr
größer unsre Kinderschar.
Mein Gott, trotz allem Kindergeld,
das ist kein Leben auf der Welt!«

Gott – er sah den Mann, den armen:
»Wohlan«, er sprach, »ich hab' Erbarmen
und beende dein Gewimmer.
Ich nehm' hinweg das Frauenzimmer.«

Der Mann – mit sich allein auf Erden –
begann erneut, betrübt zu werden.

»Mein Gott«, so stöhnte jetzt der Mann,
»was fange ich mit mir nur an?
Komm' ich in mein leeres Heim,
bin ich einsam und allein.
Ohne Frau, die mich begehrt,
mich vergöttert, mich verehrt,
die mich leitet, die mich lenkt,
mich begleitet, für mich denkt,
mich ermuntert und mir schmeichelt,
die mich küsst und die mich streichelt,
die mich hegt und die mich pflegt,
mich besänftigt, mich erregt,
mich am Morgen zärtlich weckt,
mich am Abend schelmisch neckt,
die sich liebend an mich drückt,
die mich täglich neu verzückt.

Lieber Gott, du kannst mir glauben,
sie kann dir die Besinnung rauben.
Du weißt wohl selbst nicht mehr genau,
was du versteckt in ihr – der Frau.

Sie kann herzen, scherzen, lachen,
gottverbot'ne Dinge machen,
die du gar nicht brauchst zu wissen.
Mein Gott!
Ich kann die Frau nicht missen.

Bitte, gib sie mir zurück,
sie, der Schöpfung bestes Stück.«

Gott – in Güte und Erbarmen –
hat liebevoll dem Mann, dem armen,
seine Frau zurückgegeben.

Ohne Frau – kann man nicht leben.

. . . an den Mann

Harmonie im Eheleben
ist nicht jeden Tag gegeben.
Doch folge jedem Streit als Krönung
eine heftige Versöhnung.

Und –
weil es heißt mit Recht und Fug,
der, der nachgibt, der sei klug,
so hat in jedem Eheleben
der Mann in allem nachzugeben.

Schnell ende daher jeder Streit:
Der Mann gibt nach, in Gottes Namen,
so wie es war im Anfang,
so auch jetzt und alle Zeit
und in alle Ewigkeit –
Amen.

Zum Geburtstag

Dahin ging wieder mal ein Jahr.
Du blickst zurück und fragst:
»Was war?«
Dabei siehst du mit Entsetzen,
es blieben nur Erinnerungsfetzen
und beschließt, was du jetzt musst:
»Im neuen Jahr leb' ich bewusst.«

Dahin ging dieses neue Jahr.
Du blickst zurück und fragst:
»Was war?«

»Es ist nicht wenig Zeit, was wir haben,
sondern es ist viel, was wir nicht nützen.«
Seneca (4 v. Chr.–65 n. Chr.)

Zum 60. Geburtstag

60 Jahre sind vorbei!
Doch zum Trost ich prophezei':

Wenn man sieht, wie du gebaut,
dich von Kopf bis Fuß beschaut,
vorn und hinten dich betracht' sich:
Du wirst 70, du wirst 80,
und man kann schon heute freu'n sich,
du lebst munter noch mit 90.

Sich gewiss auch keiner wundert,
wenn nach 90 du wirst 100.
Und – wenn wir dich genau beseh'n –
ist heute schon vorauszuseh'n,
du bist noch da mit 110!
Ja, sieht man dich so richtig an sich:
Du lebst – und bist gar 120!
Kommst damit in das Guinness-Buch,
das reicht dann auch und ist genug.

Womit ich zu beachten bitte:
Wir feiern heute Lebensmitte!

Doch solltest du danach nicht streben,
noch weiter 60 Jahr' zu leben:
Deine Freunde hier und heute
sind dann lang schon tote Leute.

Lebst mit uns nicht mehr gemeinsam.
Lebst allein und du lebst einsam.
Lebst mit Krankheit und Gebrechen.
Lebst mit allen Altersschwächen.
Und – obgleich ein Phänomen –
wirst du ganz schön alt ausseh'n.

Drum wünsch' ich n u r, dass lange währt
dein Leben – schön und lebenswert.

So wie heute, froh und heiter,
lebe lange, lange weiter.
Darauf hebe ich mein Glas.
Das war's.

»Glaube nicht, wer alt sei habe lange gelebt,
oft ist er nur lange gewesen.«
Nach Seneca

Zum 70. Geburtstag

Bist du noch mit 70 rüstig,
lebst du lang noch – rein statistisch,
denn – so hat man festgestellt,
wer 70 ist, noch lange hält.

Eh du dann statistisch tot,
bringt man wieder dich ins Lot.

Schon heute ist vorauszusehen,
was bis dahin wird geschehen:

Deine Haut – wenn abgeschlafft –
wird geliftet und gestrafft.
Es gibt Säfte, es gibt Pillen,
wo was fehlt, was aufzufüllen
und geschwundene Potenzen
ohne Grenzen – zu ergänzen.

Wieder frisch und fit zu sein,
setzt ein junges Herz man ein.
Man tauscht Leber, Magen, Darm,
deine Beine, deinen Arm.
Deine Hüfte ebenso
wie dein Kreuz mitsamt dem Po,
man tauscht ohne Unterschied
dir ein jedes Körperglied.

Bist du voll und ganz verschlissen,
wird man noch zu helfen wissen.
Dies und jen's wird man verpflanzen,
tauscht zum Schluss dich aus im Ganzen.
Nichts mehr von dir übrig bleibt.
Du wirst völlig neu beleibt,
und ein schönes junges Haupt
wird dir auf den Hals geschraubt.

Doch hoff' ich, dass du nicht erschrickst,
wenn du in einen Spiegel blickst:
Guter Freund, du siehst dich dann
mit ganz andern Augen an.
Frisch und jung, von Kopf bis Fuß,
fragst du ganz entsetzt:
»Bist du's?«
Alles, was an dir wir lieben,
nichts wär' übrig mehr geblieben.

Drum wünsch' ich, dass die Wissenschaft
mit ihrem Wissen es n u r schafft,
dass – so wie heut' – dein Kopf, dein Leib
uns lange noch erhalten bleib'.
Nicht jung – nicht neu – nicht ohne Falten,
wie wir dich lieben – unsern Alten.

Das wünsche ich in aller Namen.
So sei es und so bleib' es – Amen.

Zum Jahreswechsel

Man blickt zurück an den Silvestern
und glaubt, das Jahr begann erst gestern.

Jammert jetzt, es sei zerronnen.
Was gerade erst begonnen –
in des Alltags Einerlei
allzu schnell verstrichen sei.

Doch der Mensch – entsetzt, erbost –
findet bald schon seinen Trost,
sieht – wie es schon immer war –
vor ihm steht ein neues Jahr!

Was wird das Neue jetzt wohl bringen?
Wird dieses oder jen's gelingen?
Was kommt an Dingen, unbequemen?
Was kommt an Nöten und Problemen?

Der Mensch, der selten sorgenfrei,
denkt, wär' das Jahr nur gut vorbei.
So blickt er in die Zukunft bang.
Er sieht das Jahr – das Jahr ist lang.

Prosit Neujahr

Das Jahr wird schön,
wird herrlich schön.
So musst du es seh'n.

Doch was für ein Mist,
dass es gar nicht so ist.

Ich aber bin froh,
ich sehe es so.
Das Jahr wird schön,
wird herrlich schön.

Und ist's auch nicht wahr:
Prosit Neujahr!

»Hoff' das Beste und sei froh,
das Schlimmste kommt schon sowieso.«
Nach Wilhelm Busch (1832–1908)

Zeitvertreib

Eine große Kostbarkeit
ist die Zeit,
weil bekanntlich stets am Laufen,
nicht zu halten, nicht zu kaufen.

Drum müht der Mensch,
der sie nicht findet,
mit Eifer sich, dass Zeit er schindet,
und ein jeder lamentiert
ob der Zeit, die er verliert.

Man mit Ärger oft gedenkt
all der Zeit, die man verschenkt
oder bitterlich bereut,
wenn man seine Zeit vergeud't,
und verdrießlich ist, wer glaubt,
dass man ihm die Zeit geraubt.

Nichtsdestotrotz: Wir lieben,
wird uns die Zeit vertrieben.

*»Verschwenderisch geht man um mit der Zeit,
wo allein Geiz angebracht wäre.«
Nach Seneca*

Zeit ist Geld

Es gilt bekanntlich in der Welt
die alte Regel: Zeit ist Geld.

Doch der Mensch beachten muss:
Es gilt nicht der Umkehrschluss!

Mit keinem Geld wird es gelingen,
verlor'ne Zeit zurückzubringen.

Drum muss beizeit' man sich bequemen,
sich auch die Zeit für sich zu nehmen.

»Die Zeit entschwindet und ein zweites Mal
wird es nicht möglich sein, sie zu verwenden.«
Nach Marcus Aurelius (121–180)

Freundschaft

Bist du in Sorgen und in Nöten,
geht mancher liebe Freund dir flöten.

Viele meinen, recht besehen,
sei dir doch nur recht geschehen
und erzählen übertrieben,
wie du es so schlimm getrieben.

Sind die Nöte dann gewichen,
kommen sie zurückgeschlichen,
jetzt zu melden übertrieben,
wie sie dir doch treu geblieben.

Gern glaubt man, was man glauben möchte,
denkt von dem Freund nicht gern das Schlechte
und erfreut sich jetzt aufs Neue
der erwies'nen Freundestreue.

*»Du hast immer einen Freund an Deiner Seite –
solange er Dich braucht.«*

Der Intellektuelle

Wer gelten will als Mann von Welt,
sich eine kluge Zeitung hält,
um in seinen feinen Kreisen
sich als weise zu erweisen.

Sie macht sich gut auf seinem Tische,
doch fordert sie auch Geistesfrische.
Die ist oft dahingeschwunden,
wird der Geist zu sehr geschunden.

Er hebt die Zeitung täglich auf,
von Tag zu Tag er wartet drauf,
dass sein Hirn genug genesen,
das zu lesen – was zu lesen.

Die Hoffnung, die bleibt unerfüllt,
der Intellekt reicht nur für »Bild«.

Doch – es löst sich ein Problem
oft ganz schnell und auch bequem.
Und so ist es dann auch hier:
Weg mit ihr – Altpapier.

Dass jedoch ihm nichts entgeht,
was so in der Zeitung steht,
dass er kann tagtäglich lesen,
was wird, was ist, was gewesen,
er eine zweite Zeitung hält
und fühlt sich klug als Mann von Welt.

Optik

Sieht man dich gut und gerne essen,
so heißt es schnell, du bist verfressen.
Sieht man dich an der Theke stehen,
wirst du als Säufer angesehen.
Wenn dir mal eine Frau gefällt,
bist du ein böser Weiberheld.

Hast du nur genügend Zaster,
liebt man dich mit jedem Laster.
Fressen, Frauen und auch Zechen
gelten jetzt – als kleine Schwächen.

Wenn ich das so recht beseh':

Wichtig für das Renommee
ist ein dickes Portmonee.

Der Pessimist

Der Pessimist nun mal so heißt,
weil er pessimistisch meist.
Negativ ist die Prognose,
und es blüht die Angstneurose.
Für die Unbill übermorgen
strebt er, heute vorzusorgen.

Doch alles, was er vorgesorgt,
ein Optimist hat's ausgeborgt,
und der sieht kurz- und längerfristig
die Rückgewähr jetzt pessimistisch.

Positives Denken

Der Mensch – nicht immer – doch zumeist,
hat zu dem Leib auch noch den Geist.
Wobei, was man verkenne nicht,
verschieden ist das Schwergewicht.

Doch vergiss nur die Gewichtung,
achte auf des Geistes Richtung.

Drum öfter sprich ein Stoßgebet
und sage, wie es gut dir geht.

Wenn das auch richtig nur im Geist,
wichtig ist, dass du es weißt.

Nichts mehr geht im Leben schief,
denkst du immer positiv.

Doch wie uns das Leben lehrt:
Oft ist es auch umgekehrt.

Die nächsten Reime scheinen
erdacht für unsere Kleinen.
Gedacht sind sie dabei
nicht nur als Kinderei.

Eselei

Ein Esel an der Krippe stand,
wo er Heu und Hafer fand.
»I-a, i-a, wie ich mich freu'.
Habe Hafer – habe Heu.«

Er ins Heu die Nase steckt,
einen Heuschreck er erschreckt,
der im Heu – im trock'nen Gras
weich und warm im Trocknen saß.

Der Schreck sprang aus dem Grase
dem Esel auf die Nase.
Vom Schreck die Nase nieste,
was ihm das Heu vermieste.

Nach dem Heuschreckabenteuer,
schien das Heu nicht mehr geheuer,
und er reckt den Kopf nach vorn,
von dem Heu zum Haferkorn.

Im Hafer lag ein Schläfer,
ein dicker, fetter Käfer.
Der hat sich aufgerappelt.
Schnell ist er weggekrabbelt.

Doch der Esel will nicht fressen,
wo ein Käfer drin gesessen,
reckt und streckt den Kopf aufs Neu':
Von dem Hafer – zu dem Heu.

In dem Heu sieht er erschrocken,
eine Spinne spinnend hocken.
»I-a, i-a«, der Esel greint,
weil mit Spinnen spinnefeind,
reckt und streckt den Kopf aufs Neu':
Zu dem Hafer – von dem Heu.

Als er schon den Kopf gesenkt,
wieder an das Heu er denkt.

Weiter geht das wie bisher,
Heu und Hafer – hin und her.
Her und hin sinnt er aufs Neu':
»Fress' ich Hafer, fress' ich Heu?«

Ein kluges Pferd, es tritt hinzu:
»Hör mir zu, du Esel, du!
Du musst dich jetzt entscheiden,
sonst musst du Hunger leiden.
So kann das nicht weitergehen!
Dir werd' ich helfen, du wirst sehen.
Dieweil ich das bedenke,
geh du zu deiner Tränke.«

Der Esel treu zur Tränke trabt,
trinkend brav am Trog sich labt.

Das Pferd hat unterdessen
Heu und Hafer aufgefressen.

Für Jäger und Nichtjäger:

Die Bockjagd

Ein jeder ist verdrossen,
der einen Bock geschossen.
Wer sich darüber freut,
das sind die Jägersleut'.

Denn es gilt, das Tier zu hegen
und den Rehbock gut zu pflegen.
Was am besten wohl gelingt,
wenn man ihn ins Jenseits bringt,
weil er ja im Himmel oben
noch am besten aufgehoben.

Dieser Grund macht es erklärlich,
dass, obwohl die Jagd beschwerlich,
auf die Böcke und die Hirschen
mühsam Jägersleute pirschen.

Zweiter Grund – nicht schwer zu raten –
ist die Lust auf einen Braten,
um zu Haus mit Kind und Muttern
recht nach Jägerart zu futtern.

Drittens liegt dann noch zugrunde,
dass in froher Jägerrunde
man mit wilden Jagdgeschichten
von der Bockjagd kann berichten.

Der Beweggrund Nummer vier:
Das Gehörn vom Bockgetier!
Diese beiden krummen Stangen
werden an die Wand gehangen,
hängen da zu dem Beweis
für des Jägers Ruhm und Preis.

Um zur Bockjagd hinzugehen,
heißt es, früh schon aufzustehen.

In der Frühe ist der Wald
feucht und frisch und kühl und kalt.
Füße, Beine, Hinterbacken
muss der Jäger gut verpacken.
Hockt er lang im kühlen Grase,
wird ihm kalt an Darm und Blase,
und es friert die Prostata
mit Halali und Halala.

Auf dem Ansitz muss er kauern,
um dem Bocke aufzulauern.

Es hat nach vielen langen Stunden
der Bock sich oft nicht eingefunden.
Sei es, dass er renitent
oder weil er hat verpennt,
und, wie es die Böcke mögen,
lang bei einem Reh gelegen,
oder er nicht anmarschiert –
der Termin war nicht notiert –
oder einfach, weil halt bloß
ihm der Jäger dubios.
Denn es traut nicht jeder Bock
einem Mann im Jägerrock.

Doch nach langer Wartezeit
tut dem Bock der Jäger leid,
meldet sich bei Tageshelle
pflichtgemäß an Ort und Stelle.

Ist der Rehbock ausgetreten,
ist zunächst mit ihm zu reden.
Jagdlich heißt das anzusprechen:
Auf sein Alter, auf Gebrechen,
hat er Kummer, hat er Sorgen.
»Na, wie geht es, guten Morgen!«
Lädt ihn ein, mal zu verschnaufen,
bietet ihm was an zu saufen.
Leichter doch gibt auf den Geist er,
tränkt man ihn mit Jägermeister.
Ein Bock ist bestens präpariert,
wenn er alkoholisiert.

Ist das Bocktier noch im Lauf,
schieße man auf es nicht drauf.
Es muss der Bock ganz ruhig stehen,
soll nicht der Schuss daneben gehen.

Statt lang in Wald und Flur zu hocken,
tät' gut man dran, ihn anzupflocken.
Dies ist wohl ein guter Rat,
wenn auch nicht nach Waidmannsart.
Doch ist dieser Rat wohlfeil,
denn er führt zu Waidmannsheil.

Man nehm' den Bock sich nicht aufs Korn,
wenn das Tier sich zeigt von vorn.
Nach den strengen Jagdgesetzen
darf der Bock sich nicht entsetzen,
so er ohne Augenbinde
schaute in des Waidmanns Flinte.

Der Schuss kann auch sein Ziel nicht finden,
wenn das Tier sich zeigt von hinten.
Es könnte dabei sonst wohl sein,
dass – wenn der Schuss geht hinten rein –
er unversehrt kommt vorne raus,
das wäre sicher Waidmanns Graus.

Drum schießt man, wenn in ganzer Breite
sich der Bock zeigt von der Seite.
Dazu ganz nah, so zwei, drei Meter.
So trifft sicher auch ein jeder.

Zu der Schussgelegenheit
braucht man wohl gar lange Zeit.
Drum sollte man sich nicht genieren,
den Bock sich lassen vorzuführen.
Was am sichersten erscheint,
wenn das Tier kurz angeleint.

Doch – ist der Strick zu kurz bemessen,
der Jäger völlig jagdbesessen,
so kann den Treiber er erschießen,
das würde sicher den verdrießen.

Zum Schluss wird darauf hingewiesen:

Man muss mit einer Kugel schießen.
Nimmt man eine Ladung Schrot
und erschießt das Bocktier tot,
wird den Bock das Schrotkorn jucken,
was beim Essen auszuspucken.

Wenn man so auf alles achtet
und die Müh' der Jagd betrachtet,
lasse man den Bock am Leben,
dass er ende gottergeben
wohl infolge Altersschwächen
oder sonstiger Gebrechen.
Er ist dann im Himmel oben
sicherlich gut aufgehoben.

Der Jägersmann braucht
auch mitnichten
auf den Braten zu verzichten.
Den kaufe er ganz unverfroren
aus der Truhe – tiefgefroren.

Die Hörner – möglichst krumm und astig –
hänge auf er sich aus Plastik.
Die kann er – wenn auch in Grenzen –
noch von Zeit zu Zeit ergänzen,
bis auf respektable Länge
sich erstreckt das Ziergestänge.

Dann lädt er die Waidgenossen,
zu bewundern seine Sprossen
und trägt vor als Jagdbericht
dieses schöne Jagdgedicht.

Horrido! Jetzt wird begossen:
Er hat einen Bock geschossen!

Episoden

Episoden

Hochachtungsvoll

Deine Meinung – ungeschminkt –
schreibst du ihm, der längst dir stinkt,
in einem bitterbösen Brief.
Die Meinung – die ist negativ!

Es schwillt der Zorn, es schwillt die Wut!
Ha – wie tut es dir so gut,
voller Groll ihm darzubringen
Grüße von – von Berlichingen.
Was er kann und wie und wo,
schreibst du ihm genussvoll so:

Dich kann er mal hin, mal her.
Über Kreuz und überquer
und dazu mal her, mal hin,
drumherum und – mittendrin!

Schwarz auf weiß auf dem Papier
kommen die Bedenken dir,
dass dein Gruß – nicht fromm und schicklich.
In der Tat – auch nicht erquicklich.
Drum bietest du nur sinngemäß
des Götzens Gruß mit dem Gesäß.

»Mein lieber Freund!«, »Meine Lieben!«,
»Sehr geehrt!« wird hingeschrieben.
Und voller Wut und voller Groll
schreibst du zum Schluss: »Hochachtungsvoll!«

Man plagt sich oft mit Kleinigkeiten
und fleht zu Gott, um einzuschreiten.
Doch es soll der Mensch auf Erden
allein mit allem fertig werden.
Es hilft dabei am besten weiter,
sieht man das Leben froh und heiter:

Drum weiter lies
und heiter sieh's!

Das Versprechen

Der Mensch – von vielerlei bedroht –
bisweilen fällt in echte Not.
Sei es, dass die Staatsgewalt
ihn bedrängt mit Staatsanwalt,
sei es, dass durch Wirtschaftskrisen
er den Wohlstand ein soll büßen.
Krankheit und Gebrechen droht.
Grimme Pein und grauser Tod!

Dem Mensch', den solche Not beschleicht,
fällt jetzt sein Leben nicht mehr leicht.
Fühlt elend sich, fühlt sich verloren.
Wünscht sich hinweg und nie geboren.
Es schmeckt kein Trank,
es schmeckt kein Essen.
Alle Lüste sind vergessen.
Ist nicht mehr froh und ist nicht heiter.
Himmel hilf! Wie geht das weiter?

Zwar – aus der Kirche ausgetreten,
fängt er jetzt heimlich an zu beten.
Geht, die Sünden zu bekennen.
Er lässt fromme Kerzen brennen,
wallet hin zu Wallfahrtsstätten,
die schon oft geholfen hätten.

Er lässt lesen fromme Messen,
fleht zu dem, der längst vergessen,
seinem heil'gen Schutzpatron,
der in hoher Position,
bitt' Gott Vater, bitt' Gott Sohn.

Doch – keine Hilfe kommt von oben!
Da fängt er an, fromm zu geloben,
dass eine Spende er gewähre,
wenn – geholfen worden wäre.

Himmelshilfe, wie man weiß,
gibt es nicht zum festen Preis!

Weiter steigt gar seine Not.
Weiter steigt sein Angebot.

Es wird mit jedem Stoßgebet
täglich der Betrag erhöht
und – an den Erfolg gekoppelt –
wird zum Schluss sogar verdoppelt.

Da kann – wie vorauszusehen –
der liebe Gott nicht widerstehen.
Es gelingt, mit den Versprechen,
Gott im Himmel zu bestechen.
Alles sich zum Guten wendet.
Not und Angst, sie sind beendet.

Jetzt gilt – frei von allem Bösen –
was versprochen – einzulösen.

Unser Mann – hierzu bereit –
lässt zunächst sich etwas Zeit.
Später – nur gelegentlich –
er daran erinnert sich.
Denkt dann schließlich: Immerhin
war das alles halb so schlimm!

So erscheint zu guter Letzt,
was versprochen – übersetzt,
objektiv nicht angemessen
und wird subjektiv – vergessen.

Irrtum

Zwei, die schon seit Jahren
eng befreundet waren,
pflegten dieser Freundschaft wegen,
hin und her Kontakt zu pflegen.

Der eine ruft den andern an.
Dem wiederum obliegt es dann
dem Kontakte zum Behufe,
dass den einen er anrufe.

Getätigt habend nun den seinen,
erwartet er den Ruf des einen.

Hat der dann seinen Ruf gestartet,
der eine auf den andern wartet.
Der seinerseits jetzt umgekehrt
den einen wiederum beehrt.

Das wird hin und her betrieben,
ungeschrieben – festgeschrieben,
bis für beide beiderseitig –
wer sich melden muss, ist streitig.
Jeder glaubt, der andre wüsste,
er sei der, der rufen müsste.

Beide bleiben sie jetzt stumm.
Beide nehmen sich das krumm.
Jeder denkt, dass der ihn könne,
der ihm keinen Anruf gönne.

Der eine hat nach Jahren
von der Dichtung hier erfahren.
Hat sie auch sogar gelesen!
Sieht, wie dumm er doch gewesen.

Mit Reu' und Leid eilt er davon
zum Anruf hin zum Telefon.

Doch jetzt ertönt zu seinem Kummer:
»Kein Anschluss unter dieser Nummer!«

Später Besuch

Lange schon ist dir bewusst,
dass du wen besuchen musst.

Zum Besuch bist du bereit,
doch dir fehlt dazu die Zeit.
Hast du Zeit, ist, wie du weißt,
er nicht zu Hause, weil verreist.
Ist er zurück, hast du indessen,
ihn zu besuchen, längst vergessen.
Schließlich, endlich und inzwischen
Lust und Laune sind gewichen,
und es wird ganz augenscheinlich
ein Besuch dir langsam peinlich.

Dann – irgendwann – du hörst, dass er
krank jetzt sei und das sehr schwer.
Rettend naht sich der Gedanke:
Ruhe haben muss der Kranke.
Also kann besucht erst werden,
wenn gelindert die Beschwerden.

Du wartest ab, du wartest zu.
Dein Gewissen, es hat Ruh'.

Jäh wird dir die Ruh' verdorben!
Du vernimmst: Er ist gestorben.

Jetzt, auf Brechen und auf Biegen,
lässt du alles steh'n und liegen,
um in Trauer zu erscheinen
und an seinem Grab zu weinen.

Es findet der Besuch jetzt statt
bei ihm – der nichts mehr davon hat.

Schicksal

Ängstlich einer danach strebt,
dass er möglichst lange lebt.

Strenge lebt er nach Diät,
wie die Medizin ihm rät.
Dass ihn Pfunde nicht belasten,
quält er sich, um heilzufasten.
Achtet auf des Darmes Leerung,
Nieren- und auch Blasenklärung,
auf die Winde, die entschwärmen
seinen Unterleibsgedärmen.
Achtet, dass in Ordnung seien,
seine inn'ren Innereien,
Herz und Lunge, Leber, Bauch,
was man so zum Leben brauch'.

Dass kein Unheil ihm erwachse,
lebt er streng in Prophylaxe:

Er schluckt Pillen, kaut Kamellen,
baut sich auf mit frischen Zellen,
nimmt Hormone, Vitamine,
auch die Pollen von der Biene,
kauet Wurzeln, die nicht köstlich,
aber heilsam, da fernöstlich,
und er stärkt in einem fort
den Leib sich mit dem Leibessport.

Lebt in Strenge, in Verzicht,
zum Körperhaushaltgleichgewicht.
Meidet Nikotin sowohl
wie den bösen Alkohol.
Meidet Kuss und Händedrücke,
dass ihn nur kein Virus zwicke
oder listige Bazillen
ihm sein teures Leben killen.
Folgt auch sonst gewissen Trieben,
nur, wenn es der Arzt verschrieben.

Kurz und gut, der Mensch lebt echt
völlig medizingerecht,
glaubt, weil auch gesegnet erblich,
dass er werde gar unsterblich.

Es starb der Mensch
– noch jung an Jahren –

totgefahren!

Schade

Misslich stimmt und ungehalten
Lob, das du bei dir behalten.

Eines Tages, wie so oft,
triffst du ihn, ganz unverhofft,
den du damals loben wolltest
und –
sagst nicht, was du sagen solltest.

Du dein Schweigen neu bedauerst
und mitsamt dem Lob versauerst.

Fehlgriff

Du notierst zum Nichtvergessen
dir von Hinz und Kunz Adressen.

Jahr für Jahr, von Mal zu Mal,
mehrt sich der Adressen Zahl.
Immer dicker wird dein Buch,
bis du mehr hast als genug,
und es gilt darum zu sichten,
kannst auf Hinz und Kunz
verzichten?
Auf den andern oder einen,
oder aber gar auf keinen?

Mutig du dich überwind's',
weg mit der Adresse Hinz.

Kaum jedoch, dass sie zerrissen,
wirst du bitter sie vermissen.
Falsch war der Adresse Schändung,
denn du hättest jetzt Verwendung.
Überdies ist unerklärlich,
dass der Hinz dir schien entbehrlich.
Völlig macht dich überdrüssig:
Kunz ist es, der überflüssig!

Dies wird von dir jetzt klar gesehen,
doch destotrotz, der Kunz bleibt stehen,
wie bei Hinz man sonst am Ende
auch noch Kunz vermissen könnte.

Eisern hältst du ihm die Treue,
ärgerst ständig dich aufs Neue,

denn –

immer, wenn den Kunz du find's',
denkst voll Ärger du an Hinz.

Es geht im Leben
viel daneben.
Na eben!

Illusionen

Ein Mann, des' teures Weib erfährt,
dass eine andre er begehrt,
wird, weil dies ihr nicht gefällt,
roh vor harte Wahl gestellt:
Nie, nie, nie – auch nicht bisweilen –
wird mit ihr sie ihn sich teilen.

Im Liebesglück – im Liebesleiden
beschließt der Mann:
Ich lass mich scheiden!

Hört mit Ärger und Verdruss,
was er alles zahlen muss:
Zugewinn und Unterhalt
rechnet vor sein Rechtsanwalt.
Für die Kinder Alimente.
Halb nur bleibt die Altersrente.
Anwalt und Gericht kassieren
bei dem Scheidungsprozessieren.
Auch der Vater Staat macht Kasse:
Teurer wird die Steuerklasse.
Das gesparte Eigenheim
kann nicht mehr sein Eigen sein.
Schulden zahlt nur er von beiden.

Ja, wer lieben will, muss leiden.

Bei gar schlimmen Konsequenzen
schmelzen des Gefühls Potenzen.
Unser Mann, der das erfährt,
sieht jetzt, was sein Weib ihm wert.

Was wert und teuer, muss man lieben,
drum ist er auch bei ihr geblieben
und findet – trotz Gefühlsverblendung –
als Ehemann erneut Verwendung.

Zwar zunächst nur widerwillig,
eine Lösung gut und billig,
doch schon bald wird allseits klar,
was billig – gut – am besten – war.

Die lieben Eheleute!

Und wenn sie nicht gestorben sind,
so leben sie noch heute.

Gut gemeint

Ein Mann, des' Ehefrau verreist,
einsam und allein, verwaist,
fühlt, wie sie ihm lieb und teuer,
sinnt obgleich nach Abenteuer.
Sucht in locker, loser Weise
Ausgleich für des Weibes Reise.

Fleht bei einer flotten Maid,
die kein Kind von Traurigkeit,
ihn zu trösten, der allein.
Er lädt ein, zum Wein – zu zwei'n.
Traulich sich zu unterhalten,
froh den Abend zu gestalten,
zu Musik, die ernst und heiter
und so weiter und so weiter.

Sie, wenn auch bereits bereit
zu dem Tête-à-tête zu zweit,
geht zunächst – und nur zum Schein –
auf sein Bitten nicht gleich ein.

Das macht einen wack'ren Mann
ganz besonders wacker an,
denn die strenge Abwehrhaltung
steigert noch die Reizentfaltung.

Weil sie züchtig sich versagt,
er sich bitterlich beklagt:
– Nein – sie darf nicht missversteh'n,
er würd' als brave Miss sie seh'n.
Traurig ist er und gekränkt,
weil sie Schlechtes von ihm denkt,
und er bettelt, und er bittet
um den Abend – streng gesittet.

Und es kommt, was kommen muss!
Ein Glas Wein, ein zarter Kuss,
hingehaucht, ganz unverfänglich,
schüchtern noch und etwas bänglich.
Zaghaft muss er vor sich tasten,
darf dabei nichts überhasten,
nähert sich etappenweise,
dass sie ihn nicht schroff abweise,
weckt Begierde und Begehr.
Es gibt ein Zurück nicht mehr.

Locker löst sie ihre Hüllen.
Da – tönt es laut –
ein schrilles Schrillen.

Der Nachbar, der ist angerückt,
der draußen auf die Klingel drückt,
der gekommen ist zu trösten,
den von seinem Weib Gelösten.

Der Trost, er wird zum schlimmen Schreck.
Lust und Andacht sind hinweg,
und kein Verlangen wird gestillt.
Es schrillt, es schrillt!
Und schrillt – und schrillt!

Sie – ist gänzlich jäh erkeuscht,
packt flugs sich ein,
husch, husch, entfleucht.

Dem Nachbarn, der so sorgsam kam,
ist unser Mann jetzt heimlich gram.

Die Krawatte

Herrlich bunt war die Krawatte,
die er neu gekauft sich hatte.
Sicher, dass man ihn beneide,
trug er stolz die reine Seide.

Schlendert lässig durch die Stadt,
was lange er getan nicht hat.
Tritt, dass ihn verzückt man seh',
eitel ein in ein Café,
wo gesetzte, feine Damen
ihren Tee zu nehmen kamen,
schwatzend sich die Zeit vertreiben
und sich Kuchen einverleiben,
dass sie ihn betört beschauen:
Ihn, den Mann, dieweil sie kauen.

Sieht sie ihre Köpfe recken,
die sie dann zusammenstecken.
Sieht sie staunen,
sieht sie raunen,
sieht sie tuscheln,
sieht sie nuscheln.
Sieht sie,
wie sie
leise fragen:
»Siehst du seinen Schlips am Kragen?«

Dann zieht er heim, zu Kind und Frau,
dass man stolz ihn sich beschau',
ihn bewunder', ihn bestaune.
Er tritt ein in froher Laune.

Doch es wird von seinen Lieben
schnell die Laune ihm vertrieben.
Übelst wird er angemeckert:
Die Krawatte ist – bekleckert,
und man trägt, wie jeder weiß,
nicht den Schlips mit Klecks vom Eis.

Alle Herrlichkeit ist weg
durch den Eis-mit-Sahne-Fleck,
und ein jeder sieht perplex:

Große Wirkung – kleiner Klecks!

Ja, das gib' 's!
Nur beim Schlips?!

Das Angebot

In einer Bar um Mitternacht
ein braver Mann wird angemacht.
Um den Tag noch abzurunden,
bietet sie die schönsten Stunden.

Von der Dame angeheizt,
die mit ihren Reizen reizt,
spielt mit Gedanken er, unkeuschen,
fragt nach Preis und Handelsbräuchen.

Lernt als Regel number one:
Fass die Ware nicht gleich an,
denn zu zahlen sei vorab,
ohne Scheck und Diners Club.

Es gelte im Geschäftsverkehr,
was gut sei, auch nicht billig wär'.
Wenn das Handelsgut genossen,
sei ein Umtausch ausgeschlossen.

Dass die Ware klinisch rein,
zeige ein Behördenschein,
der jedoch noch kein Garant,
ob ganz frisch aus deutschem Land,
denn bekanntlich wird die Ware
nicht gehandelt als agrare.
Auch bei Handelsklasse A
trägt der Kunde die Gefahr.

Die gestrengen Konditionen
rauben alle Illusionen.

Der brave Mann! Er bleibt gefestigt!
Schwelgt in Stolz, dass er belästigt
und genießt die schönen Stunden,
wenn sie auch nicht stattgefunden.

Das Leben wär'
halb so schwer
mit der Gewähr,
es werde heiter:

Lieber Leser – lies nur weiter:

Liebeskummertod-Ballade

Sie, sie hat ihn sitzen lassen.
Er, er kann es gar nicht fassen.
Ohne Fassung – fassungslos,
tieftodtraurig – freundinbloß.

Trostlos glaubt er jetzt, dass ohne
sich das Leben nicht mehr lohne
und bedenkt, wie es gelinge,
dass er sich ums Leben bringe.

Plant den Tod mit Wo und Wie,
eindrucksvoll als Dernier Cri,
will, dass man darüber spricht,
wenn erlischt sein Lebenslicht.

Alle Welt soll von ihm lesen,
wie das ist mit ihm gewesen
und erkennen das Motiv,
das ihn hin ins Jenseits rief,
denn er muss ja auch entschlafen,
sie, die treulos zu bestrafen,
dass sie werde vom Gewissen
jetzt ein Leben lang gebissen.

An dem Grabe wird sie flennen,
neu zu ihm in Lieb' entbrennen.
Doch es ist dafür zu spät,
weil er sich ja töten tät'.

Es reden seine Trauergäste,
er, der tot ist, war der Beste.
Über Tote spricht man Gutes,
und am Grab erst recht man tut es.

Traurig singt ein Trauerchor.
Rührt die Herzen durch das Ohr.
Und die Orgel orgelt leis':
Kyrie eleis!

Es erklingen Sterbeglocken.
Oh, da bleibt kein Auge trocken.
Ob der Trauertöne Wellen
teilnahmsvoll die Tränen quellen.
Frauen schluchzen, Männer schniefen,
trauervoll die Nasen triefen.

Auch dem Todeskandidat'
tränenvolle Rührung naht.
An dem Grab steht er, dem seinen,
und ist bitterlich am Weinen.

Als er lang um sich getrauert,
fällt ihm ein, was er bedauert:
Er wird alles nicht erleben,
weil er tot und nicht am Leben.
An der Freundin tief' Bereuen
kann, wer tot ist, sich nicht freuen,
und die Lieb', die neu entbrennt,
bringt für ihn kein Happy End.

Von Kummer, Trauer, Leid ermattet,
beschließt der Mann, den man bestattet,
seinen Plan – nicht aufzugeben.
Doch zunächst – bleibt er am Leben.
Und die Lebensgeister sprießen,
weil man hoch ihn hat gepriesen.

Denkt geschmeichelt an die Damen,
die ihn zu bestatten kamen.
Die beweinten, ihn, den Guten,
mit den besten Attributen,
und er sieht, er ist zu schade
zur Liebeskummertod-Ballade.

So beschließt er, Mut zu fassen,
statt begraben sich zu lassen.
Will ob Liebe nicht verkummern,
will ob Liebe nicht entschlummern.

Statt ins Jenseits abzuwandern,
ist glücklich er – mit einer andern.

Jugendliebe

»O zarte Sehnsucht, süßes Hoffen,
der ersten Liebe goldne Zeit!
Das Auge sieht den Himmel offen,
es schwelgt das Herz in Seligkeit –
o daß sie ewig grünen bliebe,
die schöne Zeit der jungen Liebe!«

Schiller, Das Lied von der Glocke

Es grünt das Grün
nicht immer grün.

Sie, die er so heiß begehrt,
sie, vergöttert und verehrt,
sie, die ewig' Glück verhieß,
sie, für ihn das Paradies,
sie hat tückisch ihn betrogen,
ist mit einem abgezogen,
der mit schwarzem Lockenhaar
einem Filmstar ähnlich war.

Es zog dahin sein ganzes Glück.
Oh, käme sie zu ihm zurück.

Er fleht zu Gott auf beiden Knien.
Den kümmert's nicht, der lässt sie zieh'n.
Er weint und jammert Tag und Nacht
und hätte sich bald umgebracht,
wäre mausetot gewesen,
hätt' er nicht mein Buch gelesen
mit dem betreffenden Betreff:
Sieh Seite achtzig acht ff.

Zum Glücklichsein mit einer andern*
zieht er hinaus, um auszuwandern,
zieht er hinaus nach Übersee,
dass nie und nimmer er sie seh'!

Dann hat er sein Glück gemacht,
an sein' Lieb' nicht mehr gedacht,
bis er altersgrau erfährt,
sie, die er so heiß begehrt,
sie sei wieder frank und frei,
weil sie eine Witwe sei,
deren Lockenkopf inzwischen
lange tot, weil längst verblichen.

Ihn, der glaubte sich immun,
lässt die Witwe nicht mehr ruh'n.

* *siehe Seite 90*

Sieht im Traum sie vor sich steh'n,
sie, die Liebste, strahlend schön,
ist bei Tag und ist bei Nacht
um die Seelenruh' gebracht.

Selbst sein Psychotherapeut,
der die Seele ihm betreut,
der kennt keine Medizin.
Drum beschließt er hinzuzieh'n,
hin zu ihr von Übersee,
dass er froh sie wiederseh'!

Und er sieht sein' Jugendlieb'!
Nicht mehr jung und nicht mehr lieb.
Sie, die herrlich ihn entzückt,
herrisch ihm entgegenblickt.

Und er wendet sich mit Grausen,
ist geheilt von allen Flausen.
Dass nie und nimmer er sie seh',
lebt glücklich er in Übersee.

Wer gar nicht sich darüber freut,
das ist sein teurer Therapeut.

Die Erkenntnis ist nicht schwer:
Klüger ist man hinterher.

Karriere

Ruhlos, rastlos, überlastet,
eilig er durchs Leben hastet.
Weiter, weiter, immer weiter,
hoch auf der Karriereleiter!

Wie man hört von ihm berichten,
steigt er hoch in höchste Schichten,
und es ist von ihm zu lesen,
was er tat – wo er gewesen –
bis irgendwann – der Schlag ihn trifft.

Karriere –
war die Überschrift.

Wieder kann man von ihm lesen.
Was er tat – wo er gewesen –
und erkennt am schwarzen Rand,
seine Posten sind vakant.
Eilig muss man sich bewerben,
ihn, den Toten, zu beerben,
wie sich das im Leben trifft.

Karriere –
ist die Überschrift.

Was mir noch zu sagen blieb,
ist ein Nachruf, den man schrieb:

Nachruf

Was das Leben Schönes bot,
sah er zu spät – er war schon tot.

»Ein voller Terminkalender macht noch kein erfülltes Leben.«

Der Konzertbesuch

Herr Gemahl und Frau Gemahlin
ziehen treulich wieder mal hin
zum Nobelbenefizkonzert,
dass man dort gesehen werd'!

Schmuckgeschmückt und schick bekleidet,
dass er wird um sie beneidet,
sucht man seinen teuren Sitz,
dass man sitz' für Benefiz.
Lächelt grüßend rechts und links,
wir sind auch hier, allerdings,
und man nimmt auf seinem Platz –
Platz.

Vorn sitzt das Orchester schon,
sucht den rechten Kammerton.
Ein Gekrächze, ein Gewimmer.
Schlimmer wird's und immer schlimmer,
und ein jeder schnell erkennt:
Es fehlt noch der Dirigent.

Alldieweil schaut Herr Gemahl
sich die Damen an im Saal,
die mit Roben frank und frei
zeigen, was zu zeigen sei.

Da sind sie – die schlank und hager,
die so schön, weil sie so mager.
Da sind sie – die Mollig-Runden,
die so schön mit ihren Pfunden.

Kesse kühne Träume reifen,
was er sieht, auch zu begreifen.

Jäh wird er herausgerissen
aus den losen Traumgenüssen!
Wissen will die Frau Gemahlin:
„Wo guckst du denn wieder mal hin?"
„Liebes", spricht der Herr Gemahl,
„schön sind die Blumen hier im Saal."

Doch jetzt Schluss mit dem Geläster
und zurück zu dem Orchester.

Leise probt die Bläserrunde,
führt das gold'ne Blech zum Munde,
klopft die Spucke heimlich aus,
sauber komm' der Ton heraus.

Klarinette und Oboe
tüten Töne ebenso,
und die Dame am Fagott
leise fleht zum lieben Gott,
weil sie noch in Probefrist
und nicht verbeamtet ist.

Es erklingt ein Glockenton:
Der Meister kommt! Da ist er schon!
Und was eilet ihm voraus?
Applaus, Applaus, Applaus.

Lässig dreht er sich herum,
zeigt sich stolz dem Publikum.
Dankend er sich leicht verbeugt,
die Besucher sich beäugt,
lächelt huldvoll zu den Damen,
die ihn zu bewundern kamen,
wissend, dass er sie betört
mit Musik, die gleich man hört.

Ehe der Applaus geendet,
zum Orchester er sich wendet,
dass sie jetzt auch spielen wollen,
wenn er will, dass sie es sollen.

Langsam wird der Saal verdunkelt.
Hier und da wird noch gemunkelt.
Hier und da wird noch geflüstert.
Eine Bonbontüte knistert.
Einer schnäuzt ins Taschentuch.
Das reicht dem Meister, ist genug!

Langsam wendet er sich um.
Streng blickt er ins Publikum.
In die Erde soll versinken,
der mit dem geschnäuzten Zinken.
Es sei Stille jetzt und Ruh'
und ein jeder höre zu.

Seinen Taktstock er erhebt.
Gleich darauf der Saal erbebt.
Das Orchester – Frau und Mann –
jeder zeigt jetzt, was er kann.

Alle Streicher kraftvoll streichen,
schrill und laut die Geigen kreischen.
Es posaunen die Posaunen,
alle Hörner fallen ein,
es trompeten die Trompeten,
sie ertönen voll und rein,
und die Pauker sind zu schauen,
wie sie auf die Pauke hauen,
und man sieht den Dirigenten
dirigier'n mit Arm und Händen.

Dann, nach dieser Klangesfülle,
kein Ton, kein Laut, im Saal herrscht Stille.

Einer zaghaft applaudiert.
Gut, dass sich nur er blamiert!
Alle Kenner kennend grinsen,
der Applaus ging in die Binsen.

Es folgt das Adagio,
piano, pianissimo.

Zart jetzt nur die Streicher streichen,
dass die Töne leis entweichen
und mit ihrem leisen Moll
stimmen jeden stimmungsvoll.

Diese Klänge, diese süßen,
drücken auf die Tränendrüsen,
was ins Aug' die Tränen treibt,
die man sich dann heimlich reibt.
Keiner will es keinem zeigen,
wie in rührt der Geiger Geigen.

Weiter geht's von Moll zu Dur,
wie es zeigt die Partitur.

Frau Gemahlin ist entzückt,
er ist längst schon eingenickt,
wird vom Schlussapplaus geweckt,
der ganz unsanft ihn erschreckt,
und er freut sich, dass jetzt Schluss
und zu End' der Hörgenuss.

Ihm erschien der Töne Klang
a) zu laut und b) zu lang.

Hochbeglückt spricht Frau Gemahlin:
„Bald geh'n wir hier wieder mal hin."
Müde gähnt der Herr Gemahl:
„So, das war's dann wieder mal."

Dichter-Los

Im Hotel ich neulich sah –
feierlich – ein Hochzeitspaar.

In mein Buch schreib ich hinein
liebe Worte noch den Zwei'n,
gebe es der Rezeption;
die verspricht, sie macht das schon,
schön verpackt mit meinen Grüßen
reicht man es der Braut, der süßen,
fröhlich werd' die Hochzeitsnacht
nur mit meinem Buch verbracht.

Sicher bin ich, dass die Braut,
die so lieb hat ausgeschaut,
zu dem Buch zum Hochzeitsfest
auch ein „Danke" hören lässt.

Weise weiß mein Leser schon:
Undank ist der Welten Lohn.
Und so ist es dann auch hier:
Nichts, nichts, nichts hör' ich von ihr.

Wochen gingen hin und Jahre,
ohne dass ich was erfahre.
Bis zum Ende meines Lebens
wart' und warte ich – vergebens.
Bis zum Ende meiner Tage
quält mich Tag und Nacht die Frage,
wofür soll ich mich entscheiden?
Möglich sind drei Möglichkeiten:

Erstens, dass die Rezeption . . .?
Ja doch – möglich ist das schon!
Zweitens, dass die liebe Braut
nicht so lieb, wie sie geschaut.
Drittens, dass mein Buch ein Mist,
für den nicht zu danken ist.

Lieber Leser, ich frag' dich,
für was wohl entscheid' ich mich?!

Jetzt lebe ich zufrieden:
Die Ehe ist geschieden.

Doch:

So sind heute
nicht nur Bräute.

Einsichten

Einsichten

Einsicht

Wer immer nur vom Glück verwöhnt,
mit Weh und Ach im Unglück stöhnt.

Von dem vielen Leid der Welt
das größte ist – was dich befällt.
Kommt ein Mitmensch dann vorbei,
auch nicht von Beschwerden frei,
siehst du seine Not bescheiden,
denkt man nur, was du musst leiden.
Gern willst du dein Leid ihm geben
und mit seinem dafür leben.

Merkst – von Kummer kaum genesen:
Es wär' ein schlechter Tausch gewesen.

»Ich weinte, weil ich keine Schuhe hatte,
bis ich einen traf, der keine Füße hatte.«
Giacomo Leopardi (1798–1837)

Glück

Der Mensch, der immer wieder hofft,
das Glück ereil' ihn unverhofft,
sieht doch jeweils Jahr für Jahr,
dass sein Glückwunsch glücklos war,
glaubt, dass sich kein Warten lohne,
und lebt traurig einfach – ohne.

Doch das Schicksal ist gemein:

Kein Glück – ein Unglück stellt sich ein.
Ein kleines zwar, nicht allzu groß,
das wird der Mensch schnell glücklich los
und lebt frohgemut und heiter
ohne Glück und Unglück weiter.

Wunschlos hofft er jetzt anstatt,
dass er nur kein Unglück hat.
Scheinbar nur vom Glück gemieden,
lebt er glücklich und zufrieden.

»Unglück ist, was man dafür hält.
Umgekehrt ist jeder Zustand glücklich,
wenn der, welcher ihn erträgt, zufrieden ist.«
Boethius (480–525)

Als nächstes gebe ich zu lesen
meine Wünsche zum Genesen.

Für die Kranken, für die Wunden,
doch – auch für die Kerngesunden.

Zur Genesung

Du hast gebrochen dir das Bein.
Sei froh! Es könnte schlimmer sein.

Auch jammer nicht zum Gotterbarm',
sind gebrochen Bein und Arm.
Größer wär'
die Beschwer',
wenn noch mehr
gebrochen wär'.
Darum kannst du glücklich sein,
bist krank du nur an Arm und Bein.

Hast du aber mehr gebrochen
als an Arm und Bein die Knochen,
sprich zufrieden: »Gott sei Dank,
dass nur meine Knochen krank!«

Schlimmer wäre jedenfalls,
hätt'st gebrochen dir den Hals.

Zwar hättest du dann – unbestritten –
nicht mehr an Knochenbruch gelitten.
Zwar wär' vorbei auch alle Not,
doch – stell dir vor – du wärest tot:

Ende! Aus! Das wär's gewesen!
Kein Gedanke ans Genesen,
denn dein Leben wär' dahin.

Doch – du lebst noch immerhin!

Du kannst hören – du kannst sehen!
Du kannst reden – kannst verstehen!
Du kannst träumen, sinnen, denken!
Liebe nehmen – Liebe schenken!
Du kannst spüren,
kannst berühren,
kannst empfinden!
Überwinden!
Du kannst scherzen, du kannst lachen!
Ach, du kannst Gott weiß was machen!

Du lebst! -Du lebst! -Du lebst!

Das musst du seh'n, musst du begreifen!
Auf alles andre kannst du pfeifen!

Zu sein, zu wissen, dass du bist,
mein Gott –
wie schön, wie herrlich schön das ist!

Das musst du lesen, lesen, lesen.
Alles Gute zum Genesen!

Für den Dümmsten zum Verständnis!
Leser, leb mit der

Erkenntnis:

Wer Kummer hat, bedenke doch,
wer sich beklagt, der lebt ja noch.

Das Ding

Von einem Ding, das unerschwinglich,
glaubt oft der Mensch,
er brauch' es dringlich.

Mehr und mehr wird er begehrlich
und das Ding nicht mehr entbehrlich.
Unabdingbar! Folgerichtig:
Unverzichtbar, lebenswichtig.

Hat der Mensch dann irgendwann,
wenn er es sich leisten kann,
das Ding, worauf er war erpicht,
so stellt er fest:
Er braucht es nicht.

»Ich bin froh zu sehen, was ich alles nicht brauche.«
Sokrates (470–399 v. Chr.)

Betrachtung

Es waren einst zwei Zecher,
die tranken einen Becher.

Der eine war ein Dummer,
der hatte großen Kummer.
Der Becher sei halb leer,
so lautet die Beschwer.

Der zweite, der war klug,
sprach nach dem nächsten Zug:
»Ich weiß nicht, was das soll,
der Becher ist halb voll!«

»Der Rosenstrauch trägt Dornen?
Der Dornenstrauch trägt Rosen!«
Orientalisches Sprichwort

Trost

Glaubst du auf den ersten Blick,
es treffe dich ein Missgeschick,
so wird oft später offenbar,
was Missgeschick – ein Glücksfall war.

Der liebe Leser wissen muss:
Stets kommt das Ende erst am Schluss.

Lebensweisheit

Der Mensch ist oft nicht recht gescheit:
Es wurmt ihn die Vergangenheit,
ängstlich in die Zukunft starrt
und versäumt – die Gegenwart.

Fehlplanung

Wohl um möglichst wohl zu leben,
sucht man Wohlstand zu erstreben.
Voll und ganz davon besessen,
hat zu leben man vergessen.

»Man lebt nicht zweimal,
und viele leben nicht einmal einmal.«
Friedrich Rückert (1788–1866)

Rückblick

Der Mensch, der Schlimmes durchgemacht
und jetzt fröhlich wieder lacht,
spürt mit wachsender Verjährung,
der Vergangenheit – Verklärung.

Denkt mit dem verklärten Blick
an die schlimme Zeit zurück,
und er träumt bei neuem Leid
von der schönen alten Zeit.

Der Gipfelstürmer

Es strebt da wer – vor allen Dingen –
einen Gipfel zu bezwingen.

Oben dann – nach langem Streben –
stellt er fest: »Das war's dann eben.«

Nobody is perfect

Es war, es ist, es bleibt dabei:
Der Mensch, er ist nicht fehlerfrei.
Darum ist der Mensch suspekt,
der von Kopf bis Fuß perfekt.

Guter Vorsatz

Der Mensch
– und das soll vor schon kommen –
sieht, dass er nicht voll vollkommen.
Zu ändern, was er ändern muss,
fasst er eilig den Entschluss:

Als erstes dies und jen's zu tun.
Lässt zweitens es dabei beruh'n.

Der Fehltritt

Der Mensch
– und das geschieht im Leben –
benimmt sich irgendwann daneben.

Wie er es sich vorgenommen,
ist das nie mehr vorgekommen.

Der brave Mitmensch hat indessen
des Menschen Fehltritt nicht vergessen.

Vorsicht

Zum Mitmensch' einer neidvoll schaut
und wünscht, er steck' in seiner Haut.

Gesetzt den Fall, es würd' gelingen,
in diese Haut ihn reinzubringen,
steht danach noch lang nicht fest,
ob es sich drin leben lässt.

Und wenn du auch zufrieden bist,
wart ab, wie's dann am Ende ist.

»Des Lebens ungemischte Freude ward keinem
Irdischen zuteil . . .
Noch keinen sah ich fröhlich enden,
auf den mit immer vollen Händen
die Götter ihre Gaben streun.«
Schiller (1759–1805)

Logik

Zwar ist das Leben oft beschissen,
doch keiner will es missen.

Drum muss man es dabei belassen:
Leben – und auch leben lassen.

Das Problem

Zwei, die sich gestritten,
sehr darunter litten.

Was die beiden eingesehen,
sich jedoch nicht eingestehen.

Jetzt bleiben sie zerstritten.

Der Streber

Einer, der sich vorgenommen,
an ein fernes Ziel zu kommen,
strebt mit starrem Eigensinn
zielgerichtet darauf hin.

Kennt nur seinen Zielgedanken,
keine Grenzen, keine Schranken,
bricht auch alle Widerstände,
ist am Ziel – und ist am Ende.

Epilog

Es sei von allen mir verziehen,
die dies und das auf sich beziehen.

Niemand
– wenn es auch so scheint –
ist gemeint.

Lebensregel

Was man nicht mehr ändern kann:
Nimm's an!

»Bei einem unglücklichen Ereignis, welches bereits eingetreten, also nicht mehr zu ändern ist, soll man sich nicht einmal den Gedanken, daß dem anders sein könnte, erlauben: denn gerade er steigert den Schmerz ins Unerträgliche; so daß man damit zum Selbstquäler wird.«
Schopenhauer (1788–1860)

Rat

Was man ändern muss und kann:
Pack's an!

»Auch ein Weg von tausend Meilen beginnt mit einem Schritt.«
Lao-Tse (4.–5. Jh. v. Chr.)

Ausklang

Ich trug mit Witz und mit Humor
dem Leser Ernstes heiter vor.

Mein froher Leser darf indessen
den Ernst des Lebens nicht vergessen.
Gar vieles tritt an uns heran,
was man nicht heiter nehmen kann.

Dafür bete mein Gebet,
das zu Gott um Hilfe fleht.

Gebet

Woher die Welt – woher das Leben?!
Mein Herr und Gott, es muss dich geben.

Doch
wo bist du?!
Wenn man sieht,
was geschieht,
siehst du zu?!

Herr und Gott! Hör mein Gebet,
das Hilfe für die Welt erfleht.

Komm, mein Gott, komm lass dich sehen!
Lass die Welt nicht untergehen!
Lass nicht zu, dass man zerstört,
deine Welt, die dir gehört.
Nimm sie auf in deine Hände.
Alles noch zum Guten wende.
Mach, dass unsre Mutter Erde
nicht durch uns zu Schanden werde,
dass die heile Welt noch find'
meiner Kinder Kindeskind!

Herr und Gott! Hör mein Gebet,
das für deine Menschheit fleht.

Komm, mein Gott, komm lass dich sehen!
Lass die Menschen sich verstehen.
Menschen bringen Menschen um,
und ich frage dich: Warum?
Dass die Menschen Menschen hassen,
darfst du nicht geschehen lassen.
Mach dem Hass und Streit ein End'!
Mach, dass nie mehr Krieg entbrennt.
Lieber Gott, den es doch gibt,
mach, dass jeder jeden liebt.

Herr und Gott! Hör mein Gebet,
das für mich um Hilfe fleht.

Komm, mein Gott, komm lass dich sehen!
Lass mich nicht alleine gehen.
Was ich fehle, mir verzeih!
Steh mir nur ein wenig bei.
Wenn du mich gesund erhältst,
mir nicht in den Rücken fällst,
so schaff' das Leben ich allein.
Doch wenn du glaubst, es müsse sein
und schickest Unheil, Krankheit, Tod,
dann steh mir bei in meiner Not!

Und mache mich für dich bereit,
doch ich bitt' dich, lass mir Zeit!

Es muss jeder mitgestalten,
wie wir uns die Welt erhalten.
Darum folget meinem Ruf,
den ich für den Leser schuf,
der jedoch an jeden geht;
er ist Mahnung und Gebet.

Aufruf

Auf der Erde weit und breit:
Hass und Neid,
Zank und Streit,
Krieg und Leid.
Jeder nur sich selber kennt.
Fort muss alles, was uns trennt.

Es verkünden Gottes Lehren:
Es muss der Mensch den Menschen ehren,
muss ihn lieben, ihn versteh'n,
hilfreich ihm zur Seite steh'n.

Jeder Mensch ist Gottes Kind,
Brüder wir und Schwestern sind!
Darum reichet euch die Hand,
von Ort zu Ort, von Land zu Land.
Überall auf unsrer Erde
Friede, Freundschaft, Hilfe werde.

Lasst guten Willen uns bekennen,
dass stolz wir »Mensch« uns nennen können.

Du und du und du und du:
Jeder sieht und sieht nur zu.
Du und du und du und du:
Was du vermagst, tu es, tu!

Widmung

Unser Dasein ist oft kläglich.
Wie man's nimmt – wird es erträglich.

Um den Leser zu erheitern,
seine Lebenslust zu steigern,
um an trüben, grauen Tagen
etwas Gutes ihm zu sagen,
geb' dem Leser ich mein Buch.

Fürs Erste ist das jetzt genug.

Leser und auch Leserinnen
sollten mit vergnügten Sinnen
meinem Buch viel abgewinnen,
vieles nehmen mit Humor,
es grüßt herzlichst der Autor.

»Einer sei jung, schön, reich und geehrt;
so frägt sich, wenn man sein Glück beurteilen will,
ob er dabei heiter sei: ist er hingegen heiter;
so ist es einerlei, ob er jung oder alt, gerade oder
bucklig, arm oder reich sei; er ist glücklich.«
Schopenhauer

Holly, Günter: Heiter betrachtet
ISBN 978-3-00-004300-0

8. geänderte und
erweiterte Auflage 2010
30.–31.Tausend

Gesamtgestaltung: Iga Bielejec, Nierstein
Gesamtherstellung: Görres-Druckerei und
Verlag GmbH, Koblenz

€ 12,70

Bezug versandkostenfrei bei:
Holly Verlag
Heckenwiesenstraße 4
56412 Niederelbert
Telefon 02602–18148
Fax 02602–950770
info@holly-gedichte.de
www.holly-gedichte.de

©

Der große Dichter drauf vertraut,
dass keiner seine Verse klaut.
Vermaledeit sei alle Zeit,
wer schändet ihm sein Copyright.
Das ist schwerstens kriminell!

Wer es will, das Buch bestell,
einfach diese Nummer nenn:

978-3-00-004300-0 ISBN

Das hat der Dichter ernst gemeint,
wenn es auch ganz lustig scheint.